БОГАТЫЙ ПАПА - БЕДНЫЙ ПАПА

Анализ и резюме по книге
Robert Kiyosaki

50MINUTES.com

БОГАТЫЙ ПАПА - БЕДНЫЙ ПАПА

Анализ и резюме по книге Robert Kiyosaki

написанный Myriam M'Barki
в переводе Nastia Abramov

БОГАТЫЙ ПАПА – БЕДНЫЙ ПАПА

РАЗБОГАТЕТЬ – НАВЫК, КОТОРОМУ НЕЛЬЗЯ НАУЧИТЬСЯ

Книга *"Богатый папа – бедный папа", ставшая* настоящим мировым феноменом, нарушила нормы экономики и вызвала революционные мысли о том, как выбраться из финансовой ловушки, в которую мы попадаем на протяжении всей жизни и которую автор Роберт Т. Кийосаки назвал "крысиными бегами". Ставшая бестселлером и получившая успех как у критиков, так и в обществе, книга была продана тиражом более 15 миллионов экземпляров, изучается в бизнес-школах и подверглась обширному техническому анализу с момента ее появления в книжных магазинах. Основной интерес к этой книге основан на впечатляющем успехе ее автора, который за десять лет построил финансовую империю, достаточно прибыльную, чтобы расти самостоятельно на протяжении нескольких поколений.

По словам Кийосаки, доступ к богатству основывается на нескольких основных принципах, которые часто упускаются из виду, но которые доступны каждому и легкодоступны для тех, кто хочет раскрепоститься в финансовом плане. Действительно, родители из семей среднего или рабочего класса, как правило, прививают своим детям ценности, связанные с академическими успехами, но не уделяют внимания вопросам, связанным с управлением финансами, ни в семье, ни в школе. Поэтому знания богатых людей об основах инвестирования никогда не распространяются, что приводит к растущему разрыву между социальными классами.

Молодые люди тратят годы на изучение устаревших материалов, которые не пригодятся им в современном мире. Люди упорно и неустанно трудятся, чтобы в итоге получить товары, которые в конце жизни будут стоить гораздо меньше. Современные дети нуждаются в более тонком, более изысканном обучении и должны быть обучены рисковать. Идея заключается в том, чтобы отойти от того, что принято в обществе, и научиться ставить деньги на службу себе, а не работать на службу деньгам.

На протяжении всей книги мы получаем представление о готовности автора поделиться ключами к успеху, давая советы экспертов и объясняя с помощью различных теорий, что решительность, креативность, смелость и уровень финансового интеллекта могут привести к богатству и ограничить риски, связанные с инвестициями.

Ссылки: Кийосаки, Р. Т. (2011) *Богатый папа, бедный папа: Чему богатые учат своих детей о деньгах – чего не делают бедные и средний класс!* Скоттсдейл, AZ: Plata Publishing.

Первое издание: 1997 (самопубликация)

Авторы:

- Роберт Т. Кийосаки, бизнесмен, инвестор, спикер и писатель, родился в 1947 году на Гавайях (США).
- Шэрон Л. Лехтер, бизнесвумен, венчурный капиталист, спикер и автор, родилась в 1954 году.

Контекст: Личное развитие, управление личными деньгами

Ключевые слова:

- **Крысиные бега:** Концепция, придуманная Кийосаки, которая определяет социальную обусловленность, которую мы испытываем с самого раннего возраста. Общество навязывает людям образ жизни и образ мышления по образцу, не поощряя индивидуальность. Крысиные бега» каким-то образом мешают людям думать о деньгах по-другому и не акцентируют внимание на концепции инвестирования.

- **Денежный поток:** Этот термин обозначает поток денег, генерируемый деятельностью компании. В данной книге этот термин относится к денежному потоку, которым располагает человек и который доступен для инвестирования.

KОНТЕКСТ

АВТОР

Детство

Роберт Кийосаки, автор и главный герой книги, родился в Хило в штате Гавайи (США) в 1947 году в семье японско-американских родителей. Его детство прошло в тихом и спокойном районе. С раннего возраста он общался с одноклассниками, принадлежавшими к социальному классу, который намного превосходил его собственный, и его мучила мысль о том, чтобы стать богатым. Действительно, в его районе жили в основном знатные люди (врачи, юристы, банкиры и т.д.) или семьи, сделавшие свое состояние на сахарном тростнике. Он и его лучший друг Майк, сын его будущего отца-интеллектуала, были несколько в стороне от этих студентов на вечеринках, которые устраивали богатые родители их одноклассников. Это не мешало им стремиться к фантастическому будущему: Майк перенял плодотворные деловые связи своего отца, а Роберт стал мультимиллионером.

Его первые шаги в бизнесе

Получив традиционное среднее образование в государственной школе, Кийосаки поступил в военное училище морской пехоты США и стал боевым пилотом вертолета. Затем он участвовал в войне во Вьетнаме в 1972 году и получил почетную медаль за верную службу. Через три года он решил уйти из армии и устроился продавцом в корпорацию Xerox (компания по разработке и продаже копировальных аппаратов и принтеров, основанная в 1938 году в штате Коннектикут), где он преуспел, регулярно входя в тройку лучших сотрудников.

Затем пришло время открыть собственный бизнес по продаже и распространению текстильной продукции, включая футболки и кошельки. Несмотря на огромную мотивацию, компания так и не заработала, и он был вынужден покинуть Гавайи вместе с женой в поисках новых возможностей на континенте. В это трудное время, по его словам, они даже провели целый год, ночуя в своей машине из-за нехватки средств. Однако Кийосаки не отказался от своей предпринимательской деятельности и обратился к инвестициям в недвижимость. На этот раз интуиция сослужила ему хорошую службу, и он приобрел значительное состояние, обнаружив несколько скрытых жемчужин.

Он не остановился на этом и продолжил инвестировать в различные сектора: горнодобывающую промышленность (золото, медь, серебро, нефть), страхование, солнечную энергетику, строительство, финансовый рынок и т.д. В 1997 году он даже создал компанию под названием Cashflow Technologies, которая занимается изданием книг и продвижением его брендов "Rich Dad" и "Cashflow". Помимо финансового аспекта, его целью было продвижение финансового образования путем предложения общественности ряда простых обучающих инструментов: образовательных игр, книг, телепередач, веб-сайтов и т.д. Добившись коммерческого успеха, он создал несколько клубов игры *"Cashflow" по* всему миру.

Игра "Cashflow" – это настольная игра, созданная Робертом Кийосаки, в которую играют по аналогии с "Монополией". Ее цель – дать игрокам фундаментальные ключи к бухгалтерским и экономическим вопросам для достижения финансовой свободы. Она доступна как в физической, так и в цифровой версии.

Игра состоит из двух дорожек – внутренней и внешней. Цель игры – выйти из внутренней полосы – "крысиных бегов" – и достичь внешней полосы – "пути к быстрому прогрессу", которая имитирует поведение хороших инвесторов в реальной жизни. Игрок выигрывает, когда становится финансово независимым.

Образовательная ценность игры заключается в развитии у игроков финансового интеллекта: найти, во что бы то ни стало, финансовые ресурсы, необходимые для их проектов, приняв хорошие рефлексы инвестора. Идея заключается в том, чтобы дать им понять, что они всю жизнь практикуют плохое поведение и часто упускают хорошие инвестиционные возможности.

Конечно, не все его финансовые инвестиции были очень удачными, но, как неоднократно отмечает автор в своей книге, главное – вовремя отскочить назад, умея учиться на ошибках.

Два отца

Главным событием в его жизни, безусловно, стала встреча с отцом Майка, "богатым отцом", встреча, которая определит ход его жизни и приведет его к развитию ультракапиталистического мышления. Действительно, по просьбе Кийосаки отец Майка стал тщательно обучать его финансовым вопросам.

В этой книге Кийосаки рассказывает историю двух отцов: бедного отца, своего биологического отца, и богатого отца, своего интеллектуального отца. Первый, несмотря на высокую квалификацию и высокую должность в Министерстве образования, в конце жизни оказался без гроша в кармане, даже оставив после себя некоторые долги. В отличие от него, второй, который бросил школу в возрасте 12 лет, чтобы работать, сделал свое состояние, став одним из самых богатых людей на Гавайях, и все это с нуля. В то время как один выступает за классическое образование превыше всего, другой пропагандирует изучение технических основ бизнеса.

Его первый урок о деньгах

Интерес Роберта Кийосаки к бизнесу начался рано, в возрасте 9 лет, когда он попросил отца Майка научить его зарабатывать деньги. В сопровождении своего друга он начал выполнять задания по обслуживанию и уборке помещений для компании богатого папы за смехотворно низкую зарплату. Спустя всего несколько недель, будучи очень недовольным своей зарплатой, Кийосаки уже подумывал о том, чтобы попросить повышения зарплаты, и решил уволиться, если ответ будет неблагоприятным, последовав таким образом совету своего бедного папы. Пришло время, и богатый папа преподал ему первый урок: некоторые люди работают только ради денег и уходят с работы, потому что им недостаточно хорошо платят, в то время как другие видят в этом возможность расширить свои знания. Вскоре эта предпосылка будет доведена до предела: он заставит мальчиков работать бесплатно, чтобы они могли найти себе собственные источники дохода. Это было началом совместного предприятия между ребенком и его интеллектуальным отцом, которое продлится 30 лет.

На протяжении всей своей юности Кийосаки учился все больше овладевать силой денег и стал экспертом в управлении финансами в возрасте 16 лет, будучи способным заботиться о счетах компании благодаря многолетнему прослушиванию всевозможных финансовых экспертов, которых его богатый папа использовал в различных деловых предприятиях (налоговых консультантов, юристов, банкиров, страховых брокеров и т.д.). Автор утверждает, что эти наставления становились все более значимыми по мере того, как он развивал свой профессионализм в компании Xerox. Работая продавцом, он зарабатывал много денег, но довольно быстро понял, что зарабатывает еще больше для своего босса. Именно после этого первоначального осознания он создал свой собственный бизнес: компанию по управлению портфелем клиентов в сфере недвижимости. Менее чем за три года его небольшой бизнес принес ему больше дохода, чем он заработал за восемь лет работы у своего работодателя. Используя уроки своего богатого отца, он стал финансово независимым, причем настолько, что у него было достаточно денег, чтобы выйти на пенсию в относительно молодом возрасте (47 лет).

КОНТЕКСТ И ИСТОРИЯ ВОПРОСА

Экономический контекст

Книга была написана в специфическом экономическом контексте: переход во второе тысячелетие был неизбежен, образ жизни был перегружен появлением сетевой экономики (экономики, рожденной развитием интернет-компаний), а рыночная экономика была размещена, примерно на десять лет, в глобализированной и либерализованной системе, в которой экономические границы падали и становились все более анекдотичными.

Из этого переломного периода возникло коллективное бессознательное желание разбогатеть и создать капитал любой ценой. Эти финансовые концепции, которые постепенно становились вездесущими в социальной жизни развитых стран, привели к развитию потребительского образа жизни с капитализированным идеалом, придавая все меньшее значение благополучию человека. Однако с течением времени, а точнее в конце двадцатого века, концепция психологического благополучия всплыла на поверхность и стала предметом серьезной озабоченности населения.

Написание этой книги было частью той идеологии, когда экономические вопросы доминировали в обществе и упускали из виду другие области знаний, уделяя при этом особое внимание человеческому аспекту и личной уверенности. Отсюда литература пошла в направлении развития личности, давая советы и ключи к успеху, чтобы отпустить и пробудить внутреннее сознание, или даже преодолеть страхи.

Литература по личностному развитию

Популярность литературы по личностному развитию — достаточно новое явление, достигшее своего пика с 2000 года. Тем не менее, этот тип публикаций появился в конце семидесятых годов в США, когда население развитых стран почувствовало, что потеряло ориентиры из-за быстрых изменений в обществе. Людям было необходимо вернуть уверенность в себе, переориентироваться на себя и найти смысл своей жизни — после того, как они освободились от первичных уз солидарности во время послевоенного бума (благоприятный период высокого экономического роста с 1945 по 1973 год).

Хотя мы можем проследить происхождение этого жанра до античной философии, он возник в конкретном социально-историческом контексте: в послевоенной Америке, с распространением психоаналитических теорий и появлением психологических наук. С появлением нью-эйдж (духовной силы с волей к трансформации личности через духовное пробуждение) внимание общественности стало обращаться к функционированию человеческого разума и желанию спроецировать себя в позитивное будущее на фоне политического и экономического господства, сосредоточившись на концепциях роста и личной эффективности. Книги по личностному развитию читали не ради удовольствия, а потому что они создавали ожидания у читателя, который искал способ раскрыть неиспользованные личностные ресурсы. Личностное развитие стало ответом на кризис потери идентичности в современном мире.

БОГАТЫЙ ПАПА БЕДНЫЙ ПАПА

РЕЗЮМЕ

В своей книге автор говорит о важности развития навыков бухгалтерского учета и инвестирования для того, чтобы освободить себя в финансовом плане и избежать порочного круга долгов. Чтобы проиллюстрировать свою мысль, он делит свою книгу на шесть глав, каждая из которых представляет собой определенный урок о деньгах, взятый из его собственного опыта общения с двумя отцами.

Научиться контролировать эмоции

Для его богатого отца жизнь была полна неожиданностей, каждая из которых представляла различные возможности, которыми можно было воспользоваться. Цель — научиться превращать деньги в инструмент, который служит вам. Многие надеются на повышение зарплаты из-за финансового тупика, но эти надежды излишни, поскольку проблема заключается в эмоциональной реакции (страх) и отсутствии рационального суждения (жадность). Страх остаться без гроша в кармане побуждает нас работать больше, чем нужно, а жадность, представленная зарплатной ведомостью, заставляет нас думать, что на эти деньги можно купить много замечательных вещей. Именно страх часто диктует нам наши действия и желания. Именно этот страх блокирует профессиональный импульс и поддерживает идею о том, что лучший способ справиться с проблемой – найти стабильную и хорошо оплачиваемую работу. Однако цикл "работа-работа-сон" за зарплату – это краткосрочное решение краткосрочной проблемы, которая ставит еду на стол в конце месяца, и долгосрочная проблема, поднимающая вопрос о зависимости и социальных обязательствах в отношении работы.

Даже если вы богаты, если вы не научитесь доминировать над этими двумя эмоциями и контролировать силу денег, неудачи будут те же самые, и вы будете не более чем высокооплачиваемым рабом.

Почему мы должны преподавать основы финансового сектора?

Мы можем в одночасье заработать миллионы и так же быстро их потерять, как это иногда случается с молодыми спортсменами-пенсионерами или победителями лотереи. Важны не те деньги, которые мы зарабатываем, а те, которые нам удается сохранить.

Основополагающим правилом является знание разницы между пассивными и активными доходами. Сам факт непонимания этого различия является одной из основных причин финансовых проблем.

> *"Богатые люди получают активные доходы. Бедные и средний класс получают пассивные доходы, но считают, что они активны", – сказал его богатый папа.*

Таким образом, активные активы приобретаются, которые приносят деньги (инвестиции, акции, земля и т.д.), а пассивные элементы (автомобили, дома, предметы и т.д.) – это расходы, которые будут терять свою стоимость и требуют постоянного ухода. По мнению автора, домовладение относится к пассивной категории, поскольку эта инвестиция постоянно отнимает деньги, даже с учетом налоговых льгот, и дом также не обязательно будет дорожать в будущем. Таким образом, эти инвестиции представляют собой лишь расходы и увеличивают количество упущенных возможностей, поскольку капитал можно было бы лучше использовать для инвестиционного портфеля. Автор рекомендует покупать хороший дом только в том случае, если в конечном итоге вы будете ощущать от него достаточную отдачу, и который не потребует от вас слишком больших кредитов. Кийосаки иллюстрирует эту идею на примере финансового положения двух своих отцов.

Здесь доходы намного превышают расходы, а пассивные элементы минимальны благодаря жизни, посвященной инвестированию.

Для его биологического отца расходы равны доходам, что не позволяет ему инвестировать в активные активы. Пассивных элементов (кредитная карта, ипотека, долг и т.д.) больше, чем активных активов.

Следствием такого расхождения в управлении является то, что "бедные" увеличивают свои расходы, а богатые становятся еще богаче.

Эта диаграмма прекрасно показывает, почему богатые дублируют свой капитал на протяжении всей жизни:

активные активы приносят доход, достаточный для покрытия расходов и пассивных элементов, которые уменьшаются по мере роста дохода, поскольку увеличивается доходность инвестиций. Личные расходы становятся незначительными, поскольку у них достаточно денег, чтобы иметь возможность платить, не влезая в долги, даже если деньги тратятся впустую или, по крайней мере, используются не по назначению или неправильно инвестируются (это показывает стрелка вправо рядом с графой "расходы").

Оставшиеся свободные средства постоянно реинвестируются, превращаясь в активные элементы, поэтому продолжают расти. Финансовая независимость достигается, когда активный доход превышает зарплату от физической работы.

Не лезь не в свое дело

Помимо расходов, связанных с пассивными элементами, многие люди сталкиваются с финансовыми трудностями из-за того, что всю жизнь работают на кого-то другого. Тот, кто работает на себя, готовится к беззаботному будущему, поскольку его доход будет обеспечиваться активной колонкой.

Идея заключается в том, чтобы начать с сохранения своей основной работы, затем покупать реальные активные элементы и следить за тем, чтобы активная колонка оставалась стабильной. Автор также рекомендует инвестировать в категории, которые являются особенно прибыльными, такие как:

- предприятия, которые не требуют присутствия владельца и могут управляться другими людьми, иначе это станет работой для инвестора;

- акции и взаимные фонды (фонды, управляемые компанией по управлению портфелем клиента и находящиеся в совместной собственности);

- недвижимость для сдачи в аренду;

- любая другая категория, которая приносит доход, растет в цене и легко находит выход.

Кийосаки подчеркивает необходимость инвестировать в те предприятия, которые нас действительно интересуют. Так будет легче понять риски и проблемы, связанные с нашим активным доходом, и не впасть в изнеможение, которое приведет к бесхозяйственности. Однако он считает начало собственного бизнеса фатальной ошибкой, если только вы не хотите этого и хорошо подготовлены, поскольку подавляющее большинство предприятий обречено на провал в течение пяти лет после создания.

По мере увеличения нашего денежного потока мы можем наградить себя дорогостоящей премией, поскольку именно мы построили и консолидировали активную колонну.

История налогов и корпоративной власти

История о Робин Гуде, который крадет у богатых, чтобы отдать бедным, привлекательна и сегодня. Однако, по мнению автора, эта концепция является наихудшим решением для бедных и среднего класса, потому что, по правде говоря, она не оставляет места для истинной социальной справедливости и даже укрепляет идею о том, что для среднего класса нормально платить больше налогов. Таким образом, именно средний класс платит за бедных, а не высший класс, как предполагает идеал знаменитого разбойника.

 Хорошо знать

Вначале в США не взимались постоянные налоги, только временные на чрезвычайные расходы, такие как война. Постепенно постоянный подоходный налог был введен в Англии (1874 год) и США (1913 год), хотя при этом возникли определенные трудности с получением признания среди населения. Чтобы убедить низший и средний класс проголосовать за закон, разрешающий введение обязательного налога, правительства быстро представляли этот налог как созданный исключительно для того, чтобы захватить часть богатства богатых. Проблема в том, что аппетит правительства к деньгам был настолько велик, что вскоре налоги были взяты у среднего класса. Оттуда они в конце концов добрались и до самых бедных.

Чем больше растет правительство, тем больше мы должны прибегать к налогам для его финансирования. Богатые люди, часто практикующие профессиональ , имеют множество легальных средств для ухода от налогов. Оптимизация налогообложения — прекрасный пример: цель — сделать доход невидимым для глаз налоговых органов путем создания личных компаний, инвестиций в недвижимость, акций фондового рынка, приобретения различных инвестиционных продуктов (таких как страхование жизни, страховых активов) или через различные фонды, созданные с нуля. Таким образом, для любого человека, знакомого с областями знаний, связанными с работой финансовых рынков и налоговым законодательством, не составляет труда осознать, какое потенциальное богатство они таят в себе.

Богатые генерируют деньги

> *"Иметь работу – это лишь немного больше, чем быть полностью без денег". (Старая пословица, взятая у автора)*

По словам Кийосаки, люди, которые остаются запертыми в определенных старомодных образах мышления и действий, ограничивают свой выбор, цепляясь за старые идеалы. Напротив, те, кому удается адаптироваться к современным парадигмам, берут под контроль свою игру и знают, как заставить удачу превратить орешек в миллионы.

С помощью этого учения автор рассказывает нам о том, что существует два типа инвесторов: пассивные, те, кто покупает готовые пакеты, и активные, те, кто создает для себя наилучшие возможности. Конечно, вторая категория подвержена гораздо более высоким рискам и требует определенного опыта, который позволит им определить наилучшую возможность, но у них будет преимущество в том, что они получат гораздо более высокую прибыль от инвестиций.

Для иллюстрации этой теории автор фокусируется на довольно простых приемах получения чистой прибыли за короткое время: например, покупка дома, который был конфискован, и который будет иметь значительную прибыль при перепродаже, является очень хорошей возможностью поживиться кругленькой суммой с низким риском и доступным стартовым капиталом.

Работать, чтобы учиться, а не зарабатывать деньги

> *"Лучше знать понемногу обо всем, чем все об одном". (Леонардо да Винчи, итальянский художник и ученый, 1452-1519)*

Шестой урок заключается в том, что лучше всего выбирать работу с большим количеством возможностей для обучения и расширения знаний, а не искать гарантии занятости, хорошую зарплату или льготы, даже и особенно если мы хотим разбогатеть.

Зрелые люди склонны хранить свои знания и не стремятся приобретать новые навыки, поскольку считают, часто ошибочно, что у них нет ни времени, ни денег, чтобы тратить их на это. Однако несколько дополнительных курсов по технике продаж, коммуникации или маркетингу могут помочь их бизнесу или карьерному плану взлететь. Люди обычно терпят неудачу не из-за того, что они знают, а из-за того, чего они не знают. Поэтому время, потраченное на диверсификацию своих основных навыков, бесценно, и в долгосрочной перспективе вы будете пожинать плоды этих личных инвестиций. Лучше работать над углублением и диверсификацией знаний, чем работать только ради денег.

КЛЮЧЕВЫЕ ПОНЯТИЯ

Выход из крысиных бегов

Самое важное, что автор подчеркивает в своей книге, — это необходимость выйти из "крысиных бегов", наилучшим образом используя свой ум и время для создания собственного богатства. Крысиные бега" — это концепция, созданная Кийосаки, которая иллюстрирует общественную обусловленность, навязываемую нам с раннего возраста и предписывающую нам вести привычный образ жизни. Он основан на академической успеваемости, гарантии занятости, стабильной карьере, традиционных сбережениях и долгах. На самом деле, упорная работа и больше, чем необходимо, часто является единственным способом, с помощью которого человек учится генерировать для себя свободный доход, который затем используется для получения кредита, используемого для покупки товаров или личного имущества.

Отказ от хронического мышления "подожди и увидишь" и принятие мер

Слишком часто люди ожидают, что в течение жизни им представится прекрасная возможность, или что фантастическая возможность возникнет из финансового тупика. По мнению автора, в жизни необходимо идти на риск и не ограничиваться предосторожностью. Достижение финансовой свободы требует определенных действий, таких как:

- Глубокое осмысление своей личной экономической ситуации путем оценки сильных и слабых сторон.

- Быть креативным и постоянно искать новые инвестиционные идеи или способы получения денег.

- Изучение основ финансов и ключевых концепций экономики через курсы и тренинги.

- Работа над собой для того, чтобы контролировать эмоции, связанные со страхом потерять все и не иметь возможности платить по счетам.

- Смело идти на риск и не стоять на месте.

- Окружите себя инвесторами и предпринимателями, найдите наставника (человека, который уже достиг того, к чему вы стремитесь), чтобы учиться на его опыте. Поэтому никогда не рекомендуется браться за проект в одиночку.

- Уход от общепринятых норм, следуя собственным правилам и доверяя своей внутренней мудрости. Социальные нормы часто побуждают нас потреблять больше, чем необходимо (в том числе, чтобы хорошо выглядеть перед другими), постоянно занимать, прибегая к кредитным картам и займам, и призывают нас вести образ жизни, соответствующий образу жизни высших (учиться, работать, экономить, занимать, покупать). Этот стандарт не дает возможности мыслить нестандартно или задавать вопросы, которые побуждали бы нас к собственным мыслям и убеждениям.

ВЛИЯНИЕ

КРИТИКА ЕГО ПОДХОДА

В целом, книга весьма актуальна и полна полезной информации, которая подталкивает читателя к самосовершенствованию, осуществлению личных проектов и принятию мер. Автор, в большей степени, чем финансовый или налоговый эксперт, является очень хорошим тренером, обладающим настоящим даром мотивации и поощрения. После прочтения книги очень хочется следовать его советам, чтобы просто жить комфортно. Тем не менее, следует отметить некоторые критические замечания, ставящие под вопрос легитимность автора, нереалистичность его слов и даже его дилетантство.

Журналист Роб Уокер в своей статье в журнале *Slate* заявил, что Кийосаки часто слишком расплывчат и приблизителен, чтобы его можно было воспринимать всерьез, и поэтому его слова не выдерживают сравнения с серьезным экономическим анализом. Он также утверждает, что книга представляет собой не более чем сжатый бред, пропагандирующий идею о том, что Кийосаки владеет ключом к нашему финансовому будущему, давая нам советы, и она полна клишированных выражений. Наконец, он не согласен с выводами автора об американцах, которые отказались от того, что составляет основу их общества, и не тратят достаточно времени на достижение успеха и богатства, так как журналист считает этот анализ неуместным, поскольку патриотизм и культ героизма все еще очень распространены в США.

Один из редакторов *New York Times*, Дэймон Дарлин, осуждает чрезмерно финансовый характер автора. По сути, он утверждает, что хочет получить максимальную прибыль от всего, что говорит (тренерские конференции), думает (игра *"Cashflow"*) и пишет (опубликовано 25 книг, 15 из которых являются вариантами книги *"Богатый папа — бедный папа"*, написанной в соавторстве с Шэрон Л. Лехтер и его финансовыми консультантами), что лишает доверия к заявлениям, которые он делает, и урокам, преподанным в книге. Некоторые другие критики даже утверждают, что он разбогател в основном за счет продажи своих книг, а не благодаря своим деловым предприятиям. По мнению Дэймона Дарлина, единственный урок, извлеченный из книги, заключается в том, что если вы хотите разбогатеть, то лучше написать книгу, раскрывающую мышление миллионеров — хотя этот совет контрпродуктивен, поскольку он подпитывает идею о том, что разбогатеть — это вопрос менталитета и умения думать как богатый человек. Он продолжает свой анализ, отмечая захват книг об инвестиционных стратегиях, сосредоточенных на финансовых рынках, в ущерб легкой литературе, излагающей основы инвестирования. По его словам, если мы хотим узнать о принципах экономики, стоит читать деловые отчеты в обычных газетах, а не тратить 25 фунтов стерлингов на покупку этой книги.

Наконец, известный американский бизнесмен Джон Т. Рид, наиболее известный своими многочисленными язвительными критическими замечаниями в адрес инвесторов, дающих фальшивые, по его мнению, экономические советы, оклеветал книгу Кийосаки, осудив ее за мошенничество и неправомерность высказываний. Среди прочего он осуждает:

- Коллекция старых клише о деньгах (например, богатые знают всю работу экономики, бедные обильно тратят, когда у них на руках есть немного денег и т.д.).

- Ложность и неточность его заявлений о налоговых вычетах и налогах.

- Продвижение рискованных инвестиций, которые крайне опасны для новичка.

- Невероятность его заработка (слишком большого) после удачной сделки с недвижимостью.

- Его (очевидно) постоянная ложь о личной жизни, которую невозможно проследить. Так, его наставник ("богатый папа") может быть полностью вымышленным, его заявленный доход также может быть преувеличен в угоду книге, банкротство одной из его компаний в 1985 году может не иметь места, и он даже лжет о функциях, выполняемых им во время службы в морской пехоте США.

РАСШИРЕНИЯ И АНАЛОГИЧНЫЕ ПОДХОДЫ

В США многие экономические тренеры или "гуру" дают советы по управлению капиталом и рассказывают о метеоритном успехе, который привел их к чрезвычайному богатству. Среди них стоит отметить американского предпринимателя и писателя Тимоти Феррисса (родился в 1977 году), который придерживается подхода, сходного с подходом Кийосаки: в своих трех опубликованных книгах он выступает за корпоративное самосозидание и работу на себя. Действительно, он выступает за радикальное изменение образа жизни, сокращение рабочего времени и сосредоточение на наиболее прибыльных задачах, чтобы достичь хорошего баланса в жизни.

Т. Харв Экер (канадский писатель, тренер и бизнесмен, родился в 1954 году) придерживается аналогичного подхода и известен тем, что провел множество коучинговых семинаров. В своей эпохальной книге *"Секреты разума миллионера"* он делает акцент на состоянии ума и ментальных установках, которые способствуют богатству. Эта теория формирует идею о том, что у каждого из нас есть внутренний сценарий, который диктует наши отношения с деньгами, и, изменив это личное восприятие, мы сможем накопить богатство. Наконец, эта книга учит читателя, как изменить свое мышление изнутри, чтобы обеспечить недостающее звено в личных финансах, которое возродит их. Как и Кийосаки, Экер поддерживает идею о том, что бедные верят в устаревшие экономические заповеди и в основном концентрируются на препятствиях в жизни, в то время как богатые анализируют все доступные им финансовые возможности, думая больше в терминах процветания.

Дональд Трамп (родился в 1946 году), жаждущий власти американский бизнесмен и миллиардер, также написал несколько книг о своем необыкновенном карьерном успехе и о ключах к богатству. В своих книгах *"Как стать богатым"* и *"Повысьте свой финансовый IQ: Стань умнее со своими деньгами"*, написанных в соавторстве с Робертом Кийосаки, он подчеркивает необходимость получения хорошего финансового образования вне традиционного школьного курса. Он также обеспокоен обнищанием США и устаревшим менталитетом граждан, которые ждут, что страна позаботится о них, обеспечив работой, социальным статусом и медицинской страховкой.

РЕЗЮМЕ

- Разбогатеть и добиться успеха — это не удел богатых, равно как и обнищание не является неизбежным будущим для бедных. Риск, смелость и авантюрный подход полезны для тех, кто хочет инвестировать.

- Важно понимать разницу между тратами, которые принесут доход (инвестиции), и тратами, которые только растратят деньги. Действительно, многие люди покупают пассивные элементы, думая, что они являются активными создателями стоимости. Финансовая независимость достигается, когда доходы от инвестиций превышают расходы или зарплату.

- Чтобы избежать "крысиных бегов", лучше отойти от общепринятой мудрости и следовать своим собственным амбициям, рискуя оказаться в долгах на всю жизнь из-за социальных норм, которые всегда способствуют чрезмерному потреблению и кредитованию.

- В школах не преподается никаких знаний по управлению финансами. Автор даже утверждает, что он узнал больше, слушая уроки своего богатого отца, чем в классе. Человек может быть воспитанным, образованным и увенчанным социальным успехом, но это не означает, что он хорошо умеет управлять деньгами.

- Не работайте ради денег, а ищите способы поставить деньги себе на службу. В этом смысле многие люди много работают, но делают это не для себя: они работают на своего начальника, затем на правительство

- – через налоги и взносы – и в конечном итоге на банк, в котором они берут кредит.

- Чтобы освободиться от финансовых ограничений, налагаемых государством, автор советует знать законы и систему работы, потому что слишком легко быть запуганным законом, когда человек не осведомлен о налогообложении.

- Мир меняется. Поэтому необходимо постоянно проводить переоценку, учиться создавать оригинальные финансовые возможности и не ограничивать выбор ссылками на старые теории.

- Если вы хотите добиться успеха в бизнесе, не стойте в одиночестве и окружите себя людьми, обладающими разнообразными навыками, которые могут вам помочь!

- То, что вы знаете, имеет большее значение, чем то, что вы покупаете. Правильное понимание финансовых вопросов важнее стартового капитала, потому что именно это приведет к дублированию капитала, а не наоборот.

- Обогащение себя интеллектуально во всех областях на протяжении всей жизни и создание баланса в своей жизни станут вашими лучшими активами в выборе правильных инвестиций, сокращении рабочего времени и наслаждении жизнью в полной мере.

- Наконец, несмотря на многочисленные критические замечания в адрес автора и его работы, его заслуга все же в том, что он в целом точен. Принцип не тратить зарплату без необходимости и вкладывать сбережения в тщательно отобранные инвестиционные продукты, которые будут приносить постоянную выгоду, является образцовым. Эта концепция, безусловно, является базовым руководством по экономике, но ей просто не следуют и не принимают на вооружение.

ДАЛЬНЕЙШЕЕ ЧТЕНИЕ

БИБЛИОГРАФИЯ

Авила, Дж. (2006) «Кто хочет стать предпринимателем? «. *ABC News* [Online]. [Accessed 27 July 2015]. Available from: < http://abcnews.go.com/2020/story?id=1982669>.

Bredou, A. B. (2014) Les 5 plus belles perles de *Père riche, père pauvre* de Robert Kiyosaki. *BredouAlbanBrice.net*. [Online]. [Accessed 3 July 2015]. Available from: < http://bredoualbanbrice.net/5-plus-belles-perles-pere-riche-pere-pauvre-robert-kiyosaki/>.

Combattre La Crise (2013) *J'ai lu* Rich Dad, Poor Dad. *CombattreLaCrise*.fr. [Online]. [Accessed 27 July 2015]. Доступно с: < http://www.combattrelacrise.fr/jai-lu-rich-dad-poor-dad/>.

Дарлин, Д. (2005) Разбогатей быстро, напиши книгу для миллионеров. *The New York Times*. [Online]. [Accessed 29 December 2015]. Available from: < http://www.nytimes.com/2005/11/12/business/get-rich-quick-write-a-millionaire-book.html?_r=0>.

Эйгле, Т. (2011) Богатый отец, бедный отец. *Живые книги для изменения жизни.* [Online]. [Accessed 2 July 2015]. Доступно по адресу: < http://www.des-livres-pour-changer-de-vie.fr/pere-riche-pere-pauvre/>.

Eigle, T. (2011) *Père riche, père pauvre*: la suite. *Mes Finances Mode d'emploi.* [Online]. [Accessed 3 July 2015]. Доступно по адресу: < http://www.mes-finances-mode-demploi.fr/

investir-2/le-monde-de-linvestissement-et-du-business/pere-riche-pere-pauvre-le-quadrant-du-cash-flow/>.

Eigle, T. (2015) Père riche, père pauvre. *École des Finances Personnelles*. [Online]. [Accessed 3 July 2015]. Доступно по адресу: < http://www.ecole-des-finances-personnelles.fr/pere-riche-pere-pauvre/>.

Знаменитые предприниматели (2016) Роберт Кийосаки. *Famous Entrepreneurs*. [Online]. [Accessed 3 July 2015]. Available from: < http://www.famous-entrepreneurs.com/robert-kiyosaki>.

G, O. (2013) Pourquoi ce titre «*Père riche, père pauvre*»? *Économiser et Investir*. [Online]. [Accessed 2 July 2015]. Доступно по адресу: < http://www.economiseretinvestir.com/pere-riche-pere-pauvre-de-robert-t-kiyosaki/>.

Кийосаки, Р. Т. (2001) *Богатый отец, бедный отец. Ce que les parents riches enseignent à leurs enfants à propos de l'argent afin qu'il soit à leur service*. Квебек: Un Monde Différent.

Ratouis, A. (2014) Pourquoi lisons-nous des livres de développement personnel? *Le Point*. [Online]. [Accessed 29 December 2015]. Доступно по адресу: < http://www.lepoint.fr/societe/pourquoi-lisons-nous-des-livres-de-developpement-personnel-28-09-2014-1867320_23.php>.

Рид, Дж. Т. (2015) Анализ Джоном Т. Ридом книги Роберта Т. Кийосаки «*Богатый папа, бедный папа*». *JohnTRreed.com*. [Online]. [Accessed 29 December 2015]. Available from: < http://johntreed.com/blogs/john-t-reed-s-real-estate-investment-blog/61651011-john-t-reeds-analysis-of-robert-t-kiyosakis-book-rich-dad-poor-dad-part-1>.

Уолкер, Р. (2002) Если бы я был богатым папой. *Slate*. [Online]. [Accessed 29 December 2015]. Available from:

< http://www.slate.com/articles/arts/number_1/2002/06/
if_i_were_a_rich_dad.html>.

ДОПОЛНИТЕЛЬНЫЕ ИСТОЧНИКИ

От автора

Опубликовано издательством *Plata Publishing*:

Квадрант денежного потока: Руководство богатого папы по финансовой свободе, 2000.

Руководство богатого папы по инвестированию: Во что инвестируют богатые, чего не делают бедные и средний класс! , 2000.

Rich Dad's Rich Kid, Smart Kid: Giving Your Children a Financial Headstart, 2001.

Школа бизнеса "Богатый папа": Для людей, которым нравится помогать людям, 2003 год.

Книга "Прежде чем уволиться с работы: 10 уроков реальной жизни, которые должен знать каждый предприниматель о создании бизнеса на миллионы долларов", 2005 г. (*Rich Dad's Before You Quit Your Job: 10 Real-Life Lessons Every Entrepreneur Should Know About Building a Multimillion-Dollar Business*).

Midas Touch: Почему некоторые предприниматели богатеют, а большинство — нет", 2011 (в соавторстве с Дональдом Трампом).

Бизнес 21 века, 2014.

Рекомендуемое чтение

Экер, Т. Х. (2007) *Секреты разума миллионера*. США: Piatkus.

Феррис, Т. (2011) *Четырехчасовая рабочая неделя: Escape the 9-5, Live Anywhere and Join the New Rich*. ВЕЛИКОБРИТАНИЯ: Вермилион.

Franck, E. (2011) *Comment je suis devenue rentière en quatre ans sans héritage ni aide particulière*. [4-е издание]. Париж: Maxima Laurent du Mesnil.

Прудон, П. (2010) *Stratégies pour devenir rentier en dix ans*. Париж: Edouard Valys Éditions.

Себан, О. (2011) *Tout le monde mérite d'être riche*. [3-е издание]. Париж: Maxima Laurent du Mesnil.

Мы хотим услышать от вас!
Оставьте комментарий о вашей онлайн-библиотеке
и поделитесь своими любимыми книгами в социальных сетях!

Мастер ISBN: 9782808601603

Бумажный ISBN: 9782808603058

Легальный депозит: D/2022/12603/306

Цифровое оформление: Primento,
цифровой партнер издателей.